Inhalt

Führungspsychologie - ein weites Feld

Kernthesen

Beitrag

Fallbeispiele

Weiterführende Literatur

Impressum

Führungspsychologie - ein weites Feld

Robert Reuter

Kernthesen

- Auch die Fähigkeit zum strategischen Denken ist eine Ausprägung ganz individueller psychischer Voraussetzungen.
- Wer neue Märkte erkennen will, sollte sich darum bemühen, sein Denken umzustellen - weg vom bekannten Muster hin zur Assoziation.
- In der Mitarbeiterführung ist insbesondere emotionale Intelligenz gefragt. Viele Angestellte bemängeln fehlende menschliche Qualitäten bei ihren Vorgesetzten.

Beitrag

Psychologie im Wirtschaftsleben

Dass die Psychologie ein wichtiger Teil des Wirtschaftsgeschehens ist, weiß man schon seit über 100 Jahren. Die Studien zur Rolle der Psyche im Wirtschaftsleben sind darum vielzählig. Heute ist klar, dass die Psychologie nicht nur eine Rolle im Börsengeschehen spielt. Auch im Personalmanagement, in Change-Prozessen, bei der Organisationsentwicklung und für die Erforschung des Mega-Themas "Motivation" ist heute der psychologische Aspekt immer mit im Boot - oder sogar vorherrschend.

Ein eigenes Gebiet ist die Führungspsychologie. Da die Führung von Menschen eine hochkomplexe Angelegenheit ist, sieht die Forschung ihr Ziel darin, durch die Erhellung von Einzelaspekten klärende Beiträge zum Gesamtphänomen beizusteuern. Die Möglichkeiten der Herangehensweisen sind unendlich viele. So ist das Führungsverhalten eines Menschen genauso durch seine Psychologie determiniert wie die Reaktion der Geführten. Die Führungspsychologie bezieht darum viele ihrer Erkenntnisse aus der allgemeinen Persönlichkeitspsychologie, die sich nicht primär auf die Ergründung von Wirtschaftsakteuren richtet. (1), (2)

Die Psychologie des strategischen Denkens

Es ist unzweifelhaft, dass unsere Seele mitbestimmt, wie und was wir denken. Experten zufolge denken die meisten Manager in traditionellen Kategorien und Strukturen. Dies ist der Grund, warum sich viele Führungskräfte damit schwer tun, neue lukrative Märkte zu entdecken. Ein anderes Phänomen ist es, wenn Unternehmen nach Erreichung eines Zieles an Spannkraft verlieren und darum langsam absteigen. Beispiele für diese Art der psychologischen Erschlaffung von Managern gibt es genug. Frühere Topfirmen, die ihren Rang in Rekordzeit einbüßten, sind die Handyhersteller Nokia, Motorola und RIM (Blackberry).

Nach Meinung von Psychologen können neueste Erkenntnisse der Neuro- und Kognitionswissenschaften dabei helfen, dies zu vermeiden und bisher unerkannte Chancen zu erkennen und zu nutzen. Unternehmensstrategen müssen demnach immer auch praktizierende Psychologen sein, die ihre eigenen Denkprozesse und die anderer professionell untersuchen und steuern können. Hierzu gehört, nicht in den von Volkswirten, Betriebswirten, Märkten und Kunden vorgegebenen rein wirtschaftlichen Denkmustern zu verharren.

Wichtig ist es, sich über das eigene Denken klar zu werden und so zu der Möglichkeit zu gelangen, ganz anders zu denken und neue Märkte aufzutun. Wer dies kann, steht in einer Reihe mit solchen Wirtschaftslenkern wie Henry Ford und Steve Jobs. Sie haben die Fähigkeit, anders zu denken als ihre Wettbewerber, Zeitgenossen und Feinde.

Sich einfach selbst dazu zu verdonnern, anders zu denken als bisher, ist freilich nicht möglich. Worum es geht, ist das Talent, kognitiv entfernte Chancen zu erkennen - also solche, die sich dem gewohnten Denken nicht erschließen. Dazu sind Werkzeuge nötig, die die Rolle des Strategen um die psychologische Komponente erweitern. Ein solches Werkzeug ist das erlernbare assoziative Denken, mit dem sich kognitiv entfernte Chancen in greifbare Nähe rücken lassen. (1)

Die Psychologie der Mitarbeiterführung

Ein anderes Gebiet als die dem strategischen Denken zugrundeliegende Psychologie ist das der Mitarbeiterführung. In der Unternehmenspraxis erfreuen sich Psycho-Seminare großer Beliebtheit. Oft geht es darum, Führungskräften zu zeigen, wer sie selbst sind und wie sie ihre Mitarbeiter persönlichkeitspsychologisch eingruppieren können. Gerne werden dafür Farbkarten verwendet. Rot entlarvt den kämpferischen Macher, blau den rationalen Planer und grün den einfühlsamen Kreativen. Experten warnen allerdings davor, mit dem im Seminar erworbenen Wissen zu selbstbewusst auf die eigenen Mitarbeiter zuzugehen. Die im Schnelldurchgang erlernte "Küchenpsychologie" kann schnell dazu führen, sich bei altgedienten Mitarbeitern - zum Beispiel eher technisch orientierten Ingenieuren - lächerlich zu machen und so die eigene Autorität zu untergraben.

Geraten wird demgegenüber, sich nicht zu viele Gedanken über die Persönlichkeit des Mitarbeiters zu machen, sondern besser zu lernen, die Beziehungen zu Mitarbeitern individuell zu gestalten, ihre Bedürfnisse zu erkennen, Interessen und Kompetenzen zu fördern, zu begeistern und durch Fürsorge zu binden. Die bewusste Wahrnehmung des Mitarbeiters - die man auch als Empathie oder Einfühlung bezeichnen kann - ist die Grundlage dafür, Anzeichen von Überforderung oder Formen innerer Kündigung zu erkennen und darauf reagieren zu können. Psychologische Grundkenntnisse sind hierfür durchaus hilfreich, sollen aber nicht dazu führen, Mitarbeiter mit ihnen zu nahe tretenden Psycho-Ideen zu verschrecken. (2)

Defizite im zwischenmenschlichen Umgang

Wie sehr es an psychologischem Geschick im Umgang mit den Mitarbeitern oft mangelt, belegt eine groß angelegte Studie. Das Ergebnis der Befragung zeigt, dass viele Mitarbeiter mit den menschlichen Fähigkeiten ihrer Vorgesetzten unzufrieden sind. Bemängelt wird insbesondere fehlende Empathie, kritisch gesehen werden vielerorts aber auch die Führungsqualitäten der Personalverantwortlichen. 34 Prozent der Befragten bezeichneten ihre Chefs als nur manchmal oder niemals effizient. 37 Prozent sagten, sie seien nur manchmal oder niemals motiviert, ihr Bestes für ihre momentane Führungskraft zu geben. Zwei von drei Mitarbeitern berichteten von Situationen, in denen Vorgesetzte ihr Selbstwertgefühl angegriffen hätten. (4), (5)

Emotionale Intelligenz

Der sich hier aufdrängende Kernbegriff ist der der emotionalen Intelligenz. Ihr Wert für ein produktives Miteinander von Vorgesetzten und Mitarbeitern ist unumstritten. Emotionen machen aus demotivierten Angestellten Spitzenmitarbeiter und aus gefürchteten

Vorgesetzten geschätzte Führungskräfte. Wer genau hinhört und es versteht, emotional intelligent zu handeln, der löst wünschenswerte Emotionen aus und kann aus seinem Gegenüber das Beste herausholen. Wohin es führt, wenn die Gefühle anderer übergangen oder sogar gekränkt werden, zeigt sich am Betriebsklima. Eine eisige Stimmung im Team, Kündigungen, schleppende Projektfortschritte oder Vertriebsmitarbeiter, die weniger verkaufen als sie sollten, sind oft das Ergebnis eines unzulänglichen Umgangs miteinander. Es gibt also Gründe genug, beim Umgang mit Mitarbeitern die emotionale Seite mitzudenken und auf sie Rücksicht zu nehmen. (6), (8)

Trends

Nicht jeder Chef kann coachen

Immer mehr Führungskräfte lassen sich für ihre Rolle im Unternehmen von Coaches helfen. Fachleute weisen dabei auf die Gefahr hin, als Führungskraft selbst zum Coach werden zu wollen. Die vom professionellen Coach übernommenen Kenntnisse euphorisieren manchen Chef so sehr, dass er sich gegenüber den eigenen Mitarbeitern selbst als Coach zu verstehen beginnt - und damit Schiffbruch erleiden kann. Die Experten warnen davor, die Rolle als Chef mit der eines Coaches zu vermischen und empfehlen, diese Art der professionellen Begleitung lieber von solchen Fachleuten übernehmen zu lassen, die ihr Handwerk verstehen. (9)

Fallbeispiele

Resilienz stärken

Die Widerstandsfähigkeit von Menschen, Organisationen und Unternehmen gegenüber widrigen Situationen wird heute als Resilienz bezeichnet. Derzeit wird noch immer stark daran geforscht, warum überhaupt einige Unternehmen etwa der Wirtschaftskrise seit 2008 gut trotzen können, während andere untergehen. Dabei entdeckt die Resilienzforschung immer mehr Bezugspunkte mit der Führungspsychologie. Wissenschaftler machen sich beispielsweise darüber Gedanken, was eine Führungskraft tun kann, um die Resilienz der Mitarbeiter zu stärken. (3)

Menschenkenntnis durch Gesichterlesen

Zur psychologischen Grundausstattung von Führungskräften - nicht nur im Personalwesen - sollte eine gewisse Menschenkenntnis gehören. Hierzu gehört allerdings eine profunde Lebenserfahrung, die gerade junge Führungskräfte gar nicht aufbringen können. Erlernbar ist es hingegen, die Körpersprache, Gestik und Mimik von Menschen zu deuten. Gesichter verraten viel über die Menschen - wenn man sie zu lesen weiß. (7)

Weiterführende Literatur

(1) Mit Psychologie zu neuen Strategien
aus Information Management & Consulting, Heft 04/2011, S. 21-28

(2) Vorsicht vor Küchenpsychologie in der Führungsetage
aus VDI NR. 11 VOM 16.03.2012 SEITE 19

(3) Wie Unternehmen die Widerstandsfähigkeit ihrer Mitarbeiter schulen können Ein dicke Haut entwickeln
aus Die Tabak Zeitung vom 17.02.2012, Nr. 007/2012

(4) Professioneller Umgang mit trauernden AngehörigenMitarbeitern fehlen oft die richtigen Worte
aus Betriebswirtschaftliche Blätter, März 2012, Nr. 03, S. 154

(5) Führungskräfte versagen im zwischenmenschlichen Umgang
aus SteuerConsultant, Vol. 4, Heft 03/2012, S. 55

(6) Emotionen – das vernachlässigte Wissen
aus wissensmanagement, Heft 1/2012, S. 44-45

(7) Besssere Menschenkenntnis durch Gesichterlesen
Was das Gesicht uns alles erzählen kann Gesichter lesen - aber wie?
aus www.elektrotechnik.de vom 12.12.2011

(8) Mitarbeiter führen, wenn es "brennt"
aus wirtschaft&weiterbildung, Vol. 20, Heft 03/2012, S. 26-28

(9) Schwierige Berufssituationen erfordern professionelle Hilfe Führungskräfte mit der Rolle als Coach häufig überfordert
aus Betriebswirtschaftliche Blätter, Februar 2012, Nr. 02, S. 84

Impressum

Führungspsychologie - ein weites Feld

Bibliografische Information der deutschen Nationalbibliothek

Die Deutsche Nationalbibliothek verzeichnet diese Publikation in der deutschen Nationalbibliografie; detaillierte bibliografische Daten sind im Internet über http://dnb.d-nb.de abrufbar.

ISBN: 978-3-7379-0256-4

© 2015 GBI-Genios Deutsche Wirtschaftsdatenbank GmbH, Freischützstraße 96, 81927 München, www.genios.de

Alle Rechte vorbehalten. Dieses Werk ist einschließlich aller seiner Teile – z.B. Texte, Tabellen und Grafiken - urheberrechtlich geschützt. Jede Verwertung außerhalb der Grenzen des Urheberrechtsgesetzes bedarf der vorherigen Zustimmung des Verlags. Dies gilt insbesondere auch für auszugsweise Nachdrucke, fotomechanische Vervielfältigungen (Fotokopie/Mikroskopie), Übersetzungen, Auswertungen durch Datenbanken oder ähnliche Einrichtungen und die Einspeicherung und Verarbeitung in elektronischen Systemen.